Helmut Pfisterer

Scho emmer

23.4.04

Herzlich

[signature]

Helmut Pfisterer

Scho emmer

Weltsprache Schwäbisch

Silberburg-Verlag

Die Deutsche Bibliothek – CIP-Einheitsaufnahme
Ein Titeldatensatz für diese Publikation
ist bei Der Deutschen Bibliothek erhältlich.

1   2   3   4   5   06   05   04   03   02

© Copyright 2002 by Silberburg-Verlag Titus Häussermann GmbH,
Schönbuchstraße 48, D-72074 Tübingen.
Alle Rechte vorbehalten.

Die 1. bis 4. Auflage dieses Buches ist 1980 bis 2000
unter dem Titel »weltsprache schwäbisch. norebabbelds«
mit der ISBN 3-87421-092-8 im Verlag Karl Knödler
(später: Knödler Verlag GmbH), Reutlingen, erschienen.

Umschlaggestaltung und Umschlagzeichnung:
Uli Gleis, Tübingen.
Texterkennung: D&S Datenmanagement und Service, Hannover.
Satz und Gestaltung: Initial Medienvorstufe, Asperg.
Druck: Gulde-Druck, Tübingen.
Printed in Germany.

ISBN 3-87407-537-0

Besuchen Sie uns im Internet
und entdecken Sie die Vielfalt unseres Verlagsprogramms:
www.silberburg.de

Inhalt

36   aus dr sexde glass

37   d lehrer

38   vadder

39   schbäder

40   jo ned loba

41   erziehong

42   isch des a wonder

43   oizechde

44   dia alde send froh

45   wann älle

46   weil s hilfd

47   wenns irgendwo nemme weidergohd

48   wemmir au nex midanander schwädzed

49   jedz horch emol her was dr i saga will

50   was hod dui?

51   mir isch grad ebbes eigfalla

52   mr wissed älle ned worom

53   a ehegrächle

54   no a grächle

55   anander subbadeller

56   hosch gseah

57   der lachd de a

58   hoiß oder kald?

59   gell

60   wammr obanaus gohd

61   wenns bressierd ko n i älles verbudza

62   i be schdabil

63   was?

64   uffalla?

schdandordbeschdimmung
oder
a muaderschbroch vo leobergeldenga

zwischa leoberg on eldenga
wo s gleisle vom gibsbähnale uff dr alda
    römerschdroß
hüba d mudderschbroch
on driba d muaderschbroch
ausananderghalda hod
wo hüba d schdroß nonder
on driba d schdroß na ganga bisch
wo hüba di oine gschwädzd hend
on di andere gschbrocha haba wie die in
    schdugard
mo driba di oane broid
on di andere broad gsaid hen
on mo no au no dia ruedemser uff de blawe awa
midm fawrrädle omanandergsirmeld sen ...
do isch gwä
do han i mei muaderschbroch glernd

on wem willschsn an soma flegg verdangd wissa
wo viererlei mäuler on goscha zammakommed
wenn ned no meh –
ha doch deira graußmuadr aus eldenga
ond
am ällermeischda nadierlich
deinera mudder
aus leoberg

weltsprache schwäbisch

ha nadierlich
fliag du emol irgendwo na uff em globus
oder en ois vo dene neschder dromrom
wo de beim beschda willa koi gozichs word
    verschdohsch
on dabb du beim auschdeiga an älles
was uff so ema flugbladz romlaufd:
schlanga skorbion on so leid
on fend was de widd
bloß ned deine zwanzich koffer
koin oinziga
bis de mergsch
dass dia älle scho verschdaud sen
en zwanzich kärra
vo zwanzich taxifahrer om de rom
dia älle merget dass du drzua ghörsch
on de ieberhaupt ned auskennsch
on dia älle hoffed dass de oschdendich blecha
    kohsch

jedz was machsch?
gell do schdohsch on glodsch recht bled –
ha
do bleibd dr doch gar nex anders iebrich
ha do schdellsch de doch so no
dass de gwieß jeder hörd
on no verschreggsch se mit deine brohler
so wia de in schdurgerd au rombregla dädsch:
ihr lombaseggel ihr verreggde

ihr dagdiab ihr elende
ihr blidz ihr siadiche –
on zeigs so viel de zeemabrengsch

on wersch seah:
se lubfed dr deggel
se reißad dr kofferraum uff
on brengad se drher
älle zwanzich
deine ganze koffer schdeahn uff oimol wieder
    om de rom
koiner isch nia woanderschd gwä
isch des vielleichd koi beweis?
zeigd des ned ieberdeidlich
dass mr em grond uff dr ganza weld
schwäbisch verschdohd
on dromrom?

onser muaderschbroch

wenn de bei ons en so ma alda neschd uffd weld
   kommsch
griagsch wenigschdens en dialegd gschengd
dass de dei leba lang woisch wo de naghörsch

erschd en dr schual mergsch na
dass au sembel geid
mit dene mr schriftdeutsch schbrecha sodd
weil ses ned besser könned
weil se z bled send oder vom großa vadderland

deine noda en dr fremdschbroch schriftdeutsch
   send au drnoch
älles schreiba wias dia andre wölled
do möchsch grad uff dr sau naus

on langweilich erschd
emmer s gleiche
on emmer gleich gschrieba
on emmer gleich gschwädzd

deschd hald bei ons ganz anderschd
do gohsch zwoi kilomeder
vo leoberg noch eldenga
vo beblenga noch xendelfenga
no hosch

wennd hoimgohsch
d dascha voll mid neie wörder
richdich grauziche drbei
schreiba kosch se oinaweg älle wia de widd

no mergsch was freiheid isch
no gohd dr s herz uff
deschd anderschd als wia dui schualdigdadur
    ausm großa vadderland
do wirsch ned gremmelich
do freisch de dass se so oheimlich viel wörder
ned zuaschüdda könna hend
ned zuabedoniera on ned vergifda

mir weiße

deschd ieberhaubd gar koi frog
des ko mr sich ned vorschdella
dass n schwarzer zom beischbiel
oder en gäler
noi deschd ganz glar:
mir weiße

on do vor ällem mir deidsche
wer schdohd denn so do wia mir
wo se ons onser ganz glombb zeemadroscha
    ghed hend
noi deschd ganz glar:
mir deidsche

on do vor ällem mir schwoba
mr sechd doch ned omsonschd em großa
    vadderland:
s muschderländle

on do nadierlich mir en schdurgerd
so dass mr zammefassa
on ganz glar feschdschdella ko:
mir en schdurgerd!

jedzd sodd mr bloß no wissa en welcher
    schdroß ...

koin fadz bassed se sich o

koin fadz bassed se sich o
johrelang ladsched se scho bei ons rom
on no emmer dia saublede kobfdüacher
heidanei
no solled se doch glei do henda dronda
en ihrer dubbelicha türkei bleiba

on ieberhaubd
wia mir ledschdes johr em urlaub
mit onserer reisegsellschafd
bei dene em bazar gwä send
uff schridd on dridd hend se me en arsch
    neizwiggd
hend dia no nia a frau enera hos gsäh wo baßd?
sen denn dia no viel weider hendadromma als
    wia d bolizei erlaubd?

lached ned so dreggich
do gibds no viel feddere als wia mi!

vom schaffa oder
schwäbischer monosyllabismus

di moine
on di dô on dui dô
des sollsch doch du dô nô do
on dui dô soll sell do
on der dô
der soll derra drweilsch drvo rado
on des dô
des däd i nô no dô rom do oder sedd nom do
...

nnnnnnna!
i mach jedz nôre
on gang nô no nôh nô
on nô no ni on nô no na
ha noi!
ha nia!
hano!
du gohsch mr nô ned no nôh nô
on nô no ni
on nô au no na
ha ned noi!
ha ned nia!
ha ned hano!
i mach anandernoch nôre
on gang ane on nô no nôh nô on nô no ni on nô
    au no na

widd?
widd edd mid?
on wa widdu?
wenn ned mid widd semmr quidd!
widd also ned –
wenn du no oimol vo mir a wedd widd!
wenns wissa widd:
wenn i di wär
iii wödd

en ganze dag

em morgeds
uuf?
bischd uuf?
ob d uuf bischd?

...

doofs bieschd

em middags
ja sagemol!
i han doch gsagd mr sodded sodde on sodde
    sedd no sedza!
i han doch gsagd du müschd mischd lada!
on des hei do nei heidanei!

...

sch bladz fir älles?

em obeds
do ghörd kherd!

...

hans mr hands
osre kender kenndr grad au zom schaffa braucha
hodr gsaid

...

d henna sen henna
d hond sen honda

...

jedzedle

wia mrs au gohd?

wia mrs au gohd?
ha
wanne me ganga lass
no gohds

du wenn de a broblem
z arg midnemmd

du wenn de a broblem z arg midnemmd
no gugg dr doch noch ema zwoida

du wenn de zahwai hosch
no beiß de doch au no en arsch

du wenn de nemme dribernaus siehsch
no gugg doch dreinei

wa wergelsch n au ällaweil omanander

wa wergelsch n au ällaweil omanander
wa sausch n so ogschdocha rom
worom kosch n ned gnuag griaga
on gruschdelsch no em obeds
on dabbsch
on schdiersch en dr naachd
an deim zeigs
on zählsch dein grembel
on geisch on geisch koi ruah?

narr du allmachtsbachel:
faschd s beschd am dag
isch no emmer
gschissa han
sich so richdich ausgschissa han –
viel meh kosch doch gar ned wella

jedz lean mr doch mei ruah

jedz lean mr doch mei ruah
jedz brenged me doch ned draus
jedz rühred me doch ned scho wieder
so durchanander
on vergruschdled me ned:
i be doch koi gulasch

lean me wia ne be:
nadierlich ned ferdich midm gschäfd
aber uufgroomd
ogsoffa ond uff oimol
uufgroomd

angschd han e

angschd han e
dass e mid meim gschäfd ned ferdich wurr
on angschd han e dass mrs langweilich wird

angschd han e
dass e ned gnuag griag
on angschd han e dass me s verreißd

ordnong muaß sei

noi mir lean anander ned em schdich
mir bassed scho uffanander uff
dass jeder sei sach rechd machd
on koiner a exdrawurschd will
mir sen nochbr

do langds wemmrn bös aguggd
oder wemmrm drnoch a wördle vord fiaß
    schmeißd
noi
do brauched mir ned glei d bolizei
wenn do oiner glaubd
er könnd sich ieber sei schlechds gwissa
    wegsedza
ond uff sein balkon nausliega
solang dia andre em gschäfd send

uufrooma

wenn de glernd hosch
dein deller leer essa
dei schbielsach uufrooma
deine schuah uufrooma
dei zemmer uufrooma
dei schuelsach uufrooma
dei wergzeig uufrooma
dei ärbed ferdichmacha on uufrooma
ha no kohsch doch ned anders
ha no muasch doch au
a flasch wai
odr en kaschda bier
no muasch sogar dei weib
odr deine freindenna
ferdichmacha
on uufrooma

no anander ozeigd

no anander ozeigd
wega m falscha parga
wega ma maulvoll kirscha
wega jedem furz
dia gfängnis sen sowieso scho voll

no obaud on bladz gschaffd
dass mr se ozeiga on eischberra ko
oin om de andera
bis uff mi!

fruschdrazio

do woisch
jedz hods badded
jedz hod r ebbes drvo
jedz hosch endlich mol oim richdich helfa könna
s isch dr gloffa wia lang ned
endlich hoggsch zfrieda do
so uffgroomd dass drs herz uffgohd

schlag mrs blechle
grad no
kommd so a blidz doher
on duad dr en dugg
on verzürnd de
on dachdeld de so zamma
dass drs messer uffgohd

do fordered dia vädder

do fordered dia vädder
arbeitszeitverkürzung
on hend doch vor nex so angschd
wia vor em feierobed
ond dem rommodza
vo ihre jonge

do fordered dia vädder
en längere urlaub
on sen doch nia so gschaffd
wia noch so viel kilomeder
on so viel scheiß
mid ihre jonge

ofd isch sogar so
dass mr sich froga muaß
worom dia alde ned liabr ens gschäfd ganged
em sonndich
em urlaub
on an weihnachda

s schaffa ghörd abgschaffd

s schaffa ghörd abgschaffd
dass mr endlich zeid hod
fir a oschdendichs gschäfd!

do sechd mr emmer

do sechd mr emmer
mr soll sich nüdzlich macha
narr so nüdzlich wia a schdroßaladern
kosch gar ned sei
erschd rechd wenn de schlofsch

nüdzlich sei?
narr du dubbel:
viel
zemlich sogar
lebed drvo
dass andere fehler mached
a wördle riskiered
mid dem mr se pagga ko –
on dia
dia lebed drmid ned emol schlechd

jeder woiß

jeder woiß
dass d bäum nirgends en dr hemmel wachsed
aber wenns oiner sechd
hörd sichs o
als wärs a kadaschdroph

jeder woiß
dass mr irgendwann
mol ausgwachsa isch
au dr schdaad
au d wirdschafd
au dr verbrauch

aber wenn do en polidiger moind
er dirfd des saga
des wiss jo jeder bajass
no isch r he
no wird r gschdorba
uff dr schdell

des machd mir nix

des machd mir nix
wenn dir mei hond dein arsch verreißd
des machd mir nix
wenn dir oiner von meine dachziagl uff dr
    schädel fliagd

i be versicherd

aus dr schuel I
oder
jugendlicher elan
oder
so saumäßich lernbrünschdich

wemmr scho en d schuel muaß
welled mr wenigschdens en film seah
wemmr scho en film seah meaß
no wenigschdens en schbielfilm
wemmr scho den film oglodza meaß
welled mr wenigschdens au en ausflug macha
wemmr scho en ausflug macha meaß
no wenigschdens koi so a ladscherei drbei
wemmr scho en dr omnibus neihogga meaß
no welled mr au en a wirdschafd
wemmr scho en a wirdschafd meaß
no soll er ons au a bier zahla
wennr ons scho a bier zahld
no welled mr wenigschdens a fass

zo was hend denn mir en lehrer?

aus dr schuel II

scheiß
scheißschuel
dui schuel soll doch verregga
mid ihrer bleda schafferei
on dene pauger ihrem saudomma gschwädz

hoim
nex wia hoim
do gang e doch liabr hoim
so schnell wia meglich
on glodz tele
on sauf a bier
on drial vor me na

mei vadder
deschd au a scheener schofseggel
wenn der vom gschäfd kommt
no haud er sich en sessel nei
on glodzd tele
on saufd bier
on driald vor sich no

des fend i zom kodza

aus dr schuel III

uffm scheißhaus midanander oina raucha
ieber ausbeidong schwädza
on d kibba en dr soich falla lassa
dia budzfraua solled ruich drnoch daucha

d xellschafd oklaga
on als brodeschd en greana ans fenschder rodza
dia andre wearns no scho wieder wegmacha

falla lassa
oifach falla lassa
babier abfäll dr ganz lombagruschd
flascha dort schdanda lassa wo dr durschd
    uffghörd hod
on uff dui chemisch induschdrie schempfa
wo dui ganz umweld vrsaud

aus dr sexde glass

hosch du ieberhaubd deine hausaufgaba
    gmachd?
– jo
seah lau
– bis uff a kurv
– dui griag i oms verregga ned no
was für a kurv?
– des wois e doch nemme
herrschafd sexer!
worom baschd denn ned bessr uff mändle?
– deschd doch älles so langweilich
dir helf i glei
des kann i dr saga:
do wird en zuakonfd nex mai nebaher gmachd
do wird uffbassd
vrschdanda?
– jo
on jedz zeig emol her
– do
wa ischn des?
– a orgasmuskurv solled mr zeichna

d lehrer

z viel feria hend se
z viel geld verdeaned se
onsere kender mached se he
onsere algoholiger helfed se ned
onsere hascher griaged se ned no
gega dr sex send se machdlos
asichda hend se

on no ned emol di oifachschd familie
könned se ersedza
dia sembl

vadder

vadder
i brauch
i möchd
i will
i sodd han
dia andre hend au
i nemm emol gschwend
vo was soll e denn selbr
glaubsch du i däd no wenn dia andre scho älle
mid dir ko mr au gar nix
do ziag e doch glei aus
von wega
du mir?
du woisch dass de so oder so muasch
on außerdem brauch i
zemlich bald
on will i
on sodd i nochher han

außerdem
vadder
mach i des jo älles bloß
damid i ned so werd wie du
    du hosch doch nex wia geldverdiena

em schädel

schbäder

au wenn draußa no so schee d sonn scheind
no jedz em schadda bleiba
on weiderschaffa
fir dr urlaub
en dr sonn

au wenn d kender gwieß scho älles hend ond no
    meh drzua
außer neschdwärme
no jo weiderschaffa
dass ses emol besser hend
schbäder

au wemmr woiß
dass d bäum nirgends en dr hemmel wachsed
no weiderwuahla on weiderfordera
älles andere wird mr na scho seah
schbäder

jo ned loba

jo ned loba
s könnd en hauchmiadich macha den blidz
jo jo ned loba
s könnd sonschd eigebilded werra des frichdle
noi
globd wurd ned
mi hod heid au no koiner globd

aber
wenn der emol en fähler machd
dem d moinong saga dem siach dem gromma
dem zoiga wo dr bardl dr moschd hold
des wär doch nommol schöner

i werd doch au bloß von älle verseggeld

erziehong

s sodd jo eigendlich nemme vorkomma
aber s bassierd oinaweg no
zemlich ofd sogar:
dia alde schlaged ihre jonge dr arsch voll
wenn se merged
dass se au so wearn
wia sia selber send

isch des a wonder

isch des a wonder
dass en deutschland koine kender meh gibd?
außer von gaschdarbeider
do wäred doch jedzd dia dro
dia wissed
dass se ned so worda send wia se hädded werda
    solla
wo doch ihre alde älles viel besser macha wölla
    hend
wia älle alde zammagnomma vor ehne

isch des a wonder
dass leid
dia no beim ausruah angschd vor sich selber
    griaged
koine kender wölled?

isch des a wonder
dass a land
des von dr hand en d gosch lebd
koine kender meh will?

oizechde

oizechde
oinzel –
zwoizel –
zwazzel –
verzwazzelkender
wa isch au des fir a gsellschafd
wa muaß au des fir a ogaddichs ofreindlichs
    sammelsurium von leid nogä
wenns bloß no lauder gischbeliche
bobberiche
schnaddriche
schnedriche
oigabrödlerische on oizechde
oinzel –
zwoizel –
zwazzel –
on verzwazzelkender gibd?

dia alde send froh

dia alde send froh
wenn se no a jährle oms haus romschäffla
noch em rechda gugga
on fir die jonge bedda dirfed

die middlere
wölled a femfadreißigschdondawoch
mid vollem lohnausgleich
sechs wocha urlaub
on zehn brozend lohnerhöhong
mindeschdens

die jonge
wölled älles
on zwar soford

Postkarte – Antwort

Silberburg-Verlag
Titus Häussermann GmbH
Schönbuchstraße 48

D-72074 Tübingen

Absender (bitte gut lesbar schreiben!):

Name

Straße

PLZ, Ort

Beruf   Alter

Für Silberburg-Bücher interessiert sich auch:

Wir sind neugierig ...

... was Sie von dem Buch halten, dem Sie diese Karte entnommen haben.

Titel des Buches: _____

Wie wurden Sie auf dieses Buch aufmerksam?

_____

Bitte schreiben Sie uns ganz offen Ihre Meinung! Sie ist wichtig für unsere weitere Verlagsarbeit.

Im Silberburg-Verlag erscheint *»Schönes Schwaben«* – die farbige Monatszeitschrift zu Kultur, Geschichte, Landeskunde. Informativ und unterhaltsam, aktuell und zeitlos. Mit traumhaft schönen Fotos und interessanten Artikeln von kompetenten Autoren. Das Magazin, in dem auch die schwäbische Mundart gepflegt wird. Sollen wir Ihnen ein kostenloses Probeheft senden?

☐ Ja   ☐ Nein

Der Silberburg-Verlag hat sich auf Themen aus Baden-Württemberg spezialisiert. Haben Sie dazu Vorschläge, zum Beispiel zu neuen Büchern?

_____

... Sie auch?

Dann tragen Sie bitte umseitig Ihre Anschrift ein. Sie erhalten fortan regelmäßig Prospekte und Informationen über unsere neuen Bücher.

wann älle

wann älle
älles ihr sach
hergä wödded
on koiner meh ebbes han wödd
des wär au blöd
no könnded doch dia
wo ebbes hergä wödded
gar koin meh fenda wo ebbes wödd

aber zom gligg
bhalded d leid ihr sach
on hädded au no gern
des sach vo de andere drzua

no könnd oiner wo sei sach hergä wödd
leichd oin fenda
wo s wödd

bled isch bloß
dass de weid laufa muasch
bis de oin fendeschd
wo des wödd
dass du sei sach widd

weil s hilfd

weil s hilfd
wenn dia andre ebbes von oim halded
muaß mr do a bissle nochhelfa
dass d leid ebbes von oim halded
ond wenn s mol a baar send
wearns schnell meh
bis mr selber dro glaubd
on des hilfd
do wirsch dadsächlich en ganz anderer kerle
vielleichd sogar der
für den se di ganz am ofang ghalda hend
wo de so do ghed hosch
als wärsch wer

wenns irgendwo nemme weidergohd

wenns irgendwo nemme weidergohd
no muaß mr drüber schwädza
bis koiner meh ebbes woiß
ond irgendwia gohds no scho wieder weider
bis mr mergd dass so nemme weidergohd
no schwädzd mr hald wieder midanander
dass so nemme weiderganga ko
no gohds gwieß wieder a weile weider

wemmir au nex
midanander schwädzed

wemmir au nex midanander schwädzed
wemmir jedz au so beiananderhogged on d
   gosch halded
mir hend anander ned nex zom saga
mei alde glaubd sie häb mir viel zom saga
aber nadierlich hannera i am meischda zom saga
drom semmr jo au verheiraded

zo was solla mir jedz obedengd midanander
   schwädza
des was mir ieberanander dengad
isch schdreng geheim
on gohd koi sau ebbes a

i sag wenig
aber wenne ebbes schwädz
baddeds

jedz horch emol her
was dr i saga will:

wenn du ned so hendrefür wärsch
so obacha überzwerch
wenn du ned ällaweil so narred rom on nom
on ruff on na
on ri on ni saua dädsch
on dri ni übers ziel nausschiaßa wöddsch
wenn du ned älles so übersche abersche
    zeemawurschdla measchd
on ned emmer zmol homma on dromma
    soddsch
no gengs bei dir au ned bloß hendersche
no gengs bei dir endlich vörsche

was hod dui?

was hod dui?
ja isch des gwieß wohr?
ja do hörd älles uff!
also des ko dr saga
wenn des die mei wär
wenn dui mir ghöra däd
lass des mei weib sei
was hod dui?
do hörd doch älles uff!
dui möchd i mol en d fenger griaga ...
alderle!
wa moinsch was i mid dera däd
dui käm mir grad rechd –
was hod dui?
schaff se her
au wenn s ned die mei isch!

mir isch grad ebbes eigfalla

mir isch grad ebbes eigfalla:
was war jedzd au morga?
ach so ja
morga griagsch du no ebbes
für geschdern

mr wissed älle ned worom

mr wissed älle ned worom
mr saged älle wia d kender:
noi der hod ogfanga
onsern oigene ofang
hemmr emmer älle vergessa

a ehegrächle

hosch ebbes?
– noi
des glaub i ned
– no läsch bleiba
könnsch mrs doch saga
– was denn?
was de hosch
– was soll i denn han zom donnderwedder aber
    au?
des woiß i doch ned
drom frog i jo
des wird mr doch au no dirfa
– dei gosch sollsch halda dei saublede
siehsch
a wuad hosch
häddsch mrs jo au glei saga könna
aber worom grad uff mi?

no a grächle

wega dir
noi wega dir han i
on i han weil du
wega mir kosch du han wega wem du widd
aber i han gwieß wega dir weil du
du wega mir?
du hosch weil du wega mir weil i aber i han
    wega dir

du?
von wega wega mir!

anander subbadeller

anander subbadeller on biergrüag an dr meggel
    zenda
des hebd ned lang
hosch hald au sauerei on muasch uffbudza
aber wörder
wörder muasch em an de kobf schmeißa
do kosch ganz ruich dohogga
on zuagugga wie se eischlaged
dia sidzed
johrelang
do bhelsch dei gschirr
on muasch henderher nex zeemafega

hosch gseah

hosch gseah
wia dia ned bhäb gnuag zammahogga könned
do mechd e wedda
dia zwoi hend ebbes midanander

hosch gseah
wia dia do dromma ned weid gnuag
   ausananderhogga könned
do mechd e wedda
dia zwoi hend ebbes midanander

der lachd de a

der lachd de a
on der lachd de aus
so lached se de emmer a on aus
on aus on a

dui machd de a
on dui machd de aus
so mached se de emmer a on aus
on aus on a

do kommsch emmer wieder ganz draus
weil de ned draus kommsch

hoiß oder kald?

wanne n ebbes hoiß
kone mr d zong verbrenna
drom wird d gosch kalda
bis r frierd

gell

gell
koi sau frogd noch dr
koi sau will ebbes von dr
außer sie wölled ebbes

wammr obanaus gohd

wammr obanaus gohd
isch mr ondadurch
aber wemmr deswega glei ondadurch isch
isch des di höhe

wenns bressierd
ko n i älles verbudza

wenns bressierd ko n i älles verbudza
mei haus sogar on mei geld
aber di
di ko n i
oms verregga ned verbudza

i be schdabil

i be schdabil
mir fälld nix ei

i schdand mid beide füaß uffm boda
mir fälld nix uff

i be zua
bei mir fällsch ned rei

was?

was?
i soll mi selber endlich au emol vergessa?
bass uff dass i mi ned vergiss!

uffalla?

uffalla?
als ob de au oi oinzichs mol uffalla könndschd!
kosch doch bloß emmer rei- on rafliaga!

wer zeigd hod

wer zeigd hod
dassr nex machd
was mr ned will

will nadierlich
nex als wia machd
wasr liabr
ned zeigd hod

jo

jojo
vo mir aus
eba
deschd ned oeba
deschd ned ned weid her
ha noi do ben i au drfür
deschd mir sowieso ned grad oagnehm
do könnd i ned saga dass i ebbes drgega hädd
noi do könnd i gwieß ned ned saga dass i nex
    drgega hädd
noi i glaub i wödd ned saga dass i drfür wär
    wenn i
koi bissle eigendlich faschd nex jedzd dia ganz
    zeid scho
drgega ghedd hädd

liebeserklärung eines alten
in diesem stil

jojo
bisch au nemme grad so a liabs glois
    budzameggerle
so a obaches amenoschlubferle
aber bisch mr no emmer ned oagnehm
noi du bisch gwieß no ned so dass mr de nemme
    leida könnd
bisch mr no ned oleidich wora on i han de
    emmer gern glidda
i will ned grad saga dass e de no so saumäßich
    möga däd wia am ofang
aber bisch hald oinaweg no mei elend liabe
    zemmerlenda
mei zuggerriab

liebeserklärung eines jungen
in diesem stil

jojo
a dubbelhaub bisch eigendlich ned
riesich bisch
a bissle a riesichs bieschd bisch
dr schlag möchd e bei dir dren han
ograba ghörsch
do wär e en schöner kaod wenn i mi bei dir ned
    neischaffa wödd
wenn de ned begnaggd bisch no schdeggsch
    deim andera tyb
er soll d mugg macha
mei geräd häb meh ps

arme mädla

nex meh essa
außr dr pill
on ema kaugummi
on era zigaredd
jojo oms hemmels willa
denn bleiba on honger leida
liabr omhommla on omkomma
als a saumäßigs bissle zuanemma
liabr des gloigschnaidzeld visäschle
voller vorwürf an älle wo essed
on drenged
liabr des zwedschgaärschle
en a wurschdhaud neigrombla
dass mr aussieht wia a bärle beidschaschdegga
vom medzger
on vrschregga
vor jedem schbiagl
vor jedem schaufenschder
on vor jeder briafwoog

ha wo dengschn au no

ha wo dengschn au no
era emanzibierda frau
kosch doch ned ned en mandel neihelfa wölla
odera ned nex uffheba wölla
odera ned ned ihre sacha draga wölla
odera ned ned älles do wölla was se dir ned
    duad –
ha wo dengschn au no

isch sui dr ma oder bisch dus?

manche hädded gern ebber

manche hädded gern ebber
wo emmer om se rom isch
on wenn se ebber gfonda hend
no froged se sich
mid was der des eigendlich vrdiend hod

wann emol dei ruah han könnsch

wann emol dei ruah han könnsch
no hosch doch koi ruah
bis de s hod
bis de s emol so saumäßich hod
dass de s gern besser häddsch

on wann de s so hod
kosch bloß no wölla
dass sui s au so hod
so granadamäßich
dass se s gwieß nemme besser will

zerschd gohsch äll furzlang
zom dogdr

zerschd gohsch äll furzlang zom dogdr
wega jedem dregg
on bischd gsond
kerngsond
no gohsch nemme
zo was au
bis uff oimol
doch en dogdr zua dr said:
ja worom sen se denn ned bälder komma?
jedz isch z schbäd

wenn d emol so richdich en dr scheißgass hoggsch

wenn d emol so richdich en dr scheißgass
    hoggsch
ond oinaweg ned schembfsch
no bisch a kerle

on wenn de glaubsch seisch bschissa dro
on schembfsch rechd
no ko mr sich des gfalla lassa

aber wenn de älles hosch on äls
    weiderschembfsch
grad wie wenn s nödich häddsch
no bisch n scheener schofseggel
no isch dr ieberhaubd ned z helfa
oms verregga ned

dr schlussvrkauf

jedzedle aber
do nom emma!
lass de ned
lass de ned zriggdrugga
wa?
wa isch?
sollsch de ned ...
ja komm doch anandernoch
wo bischn?
los do nom zu de pullis
d farb isch egal
wa?
d größe?
ach dia wern scho bassa
do
do mach doch nore
i gang drweil
do
jo
hoooooo
haldese sia dia han scho i
i helf ehne glei
freilein kommedse doch schnell dorom
emma wo bischn?
guad do
do muasch nolanga bevor dia andre
wa?
a wa dia bassed
so fedd ben e no au no ned

on jedz no zu de rögg
wo bischn scho wiedr?
ja sagamol!
eeemmmmaaa!
wa duaschn hender mir
du hoschs no ned hussa –
wa?
do hods doch no bladz en deine dascha!
sodele emma!
on jedzd no nuff ens kaffee!

em löwabräu

ja wo bleibds denn bloß?
...
ja wo bleibds denn bloß?
...
on jedz griageds dia do driba on sen erschd noch
    ons komma!
dera werdes bsorga
dui tulb dui bled
dera
do ...
i glaub ...
jo ...
noi desch emmer no ned
heidanei
wo bleibds denn bloß?
freilein!
dui duad grad als däd se nex höra!
freilein wo bleibds denn bloß?
...
heard nex des bieschd –
i glaub jedzd
gugg no
s kommd –
ja wo bleibds denn bloß?
freilein
ischs wenigschdens fedd?
fedd muaß sei sonsch bleibds em hals hanga
jaaaah
jedzedle

do henses jo onser kesselfloisch
on s gräudle drzua

dange freilein

zwei oder drei alde gnauba dreffed sich em café

deschd aber emol en gruahsamer bladz
jojo deschd wohr
deschd en arg grausamer bladz

hosch dui gseah?
a elend schös mädle –
wa soll dui sei?
dui isch fei ganz schö wiaschd –
komm gang mr weg
a baise beißzang

eile mid weile?
gell wie wärs?
jojo eile mid weile
des brengd au mi emmer wieder uffd fiaß

on freilein mir no a kaffeekendle!

hosch weid brochd karle freilich
aber bischd oinaweg ned weid her
aber i han wenigschdens glebd
jojo
i han au glebd
sonsch hädd i jedz nex

on freilein
mir au no so en ohmachdsbissa

en dr buchhandlong

(s ischd aber wirglich bassierd)

au
deschd aber emol a schees buach vom negger
wemmr do ganz vorsichtich a baar bilder
    rausmacha däd
zom and wand henga
no däd des emmer no a nedds gschengle gä
fir d konfirmazio

o scheiße

wenn en schdurgerd mol schnell soddsch
on a glegaheid suachsch
i moin en abe
no isch ledz

kosch doch ned oifach en d olaga
on dr en boom raussuacha
i moin hald am hellichda dag
on kosch doch au ned scho widder en a café
on a bier drenga

drwega isch jo

heidanei aber soddsch
on kosch doch scho faschd nex meh denga
    drwega
on älle laufed se rom on dean se als wärsch des
    bloß du

en en lada?
bfeifadeggel
en a kaufhaus?
jo hondle
on jedes hausegg schreid de o: schäm de!

weil de hald so guggsch

bis de no hald doch wieder irgendwo neisausch
gradaus durch d kiche

jedz bloß uffbassa dass de ned au no s
    schlofzimmer verdwisch
on se de verhafded bevor de ...
heidanei wo ischn bei eahne ...?

haben sie schon bestellt?

jo a halbe!

die ledschde fenf schridd sen die reinschd
    dierquälerei
on hoffendlich machd jedz ned au no dr
    reißverschluss mändla ...

endlich
endlich

romblähzgede romblähdzger

wa?
des au no?
hmm –
nia!
au no des!
ha scho
iiijjoo
hm
no hald
mmhh?
hano
mmmmmmmmmm
ja zu was denn au
ha noi
tja
nna!
hm?
nex
mmhh!
ho o!!
jedzd sagamol –
legg me no em ärschle –
guad
wo ihr jedz älle gschwädzd hend
möchd i au ebbes drzua saga
also iii woiß ned
wennr mi froged

septemberwaihmuod

jedz brauchsch nemme glauba
dass doch no sommer wurd
d kadz isch dr boom nuff
jedz kosch bloß no an jedem schnabber froh sei
wo s ned schiffd oder eiszabfa hageld

dua anandernoch deine grombiera raus
on deine angersche
schüddel dr deine äbfel uff dr meggel
dass wenigschdens nomol en moschd geid
fahr dei gülla
on zagger dein burra

nadierlich wärs oim no lang reachd gwä
    anderschdrom
on däd mr on häb mr schao no wemmr könnd
aber s isch bhäb jedz on ledz
on d graoßmuader hod schao reachd ghed
wenn se s ganz johr
ihrn wollebobbel ned eipaggd hod

abersche gohds
mid dr sonn
mid oim selber
ond mid de breis
fir d fruuchd on fir d säu

dr mugg

o mugg
mid deine hoariche fiaß on deim hoariche
    ärschle
kloiner dürrer novembermugg
jedz bisch hee
hosch bis ganz z ledschd no
mid deine abgschdandene flügel ans lichd wölla
on mei lamb droffa
on dr donnderschlächdich dr riasl verbrennd
hosch dr deine gloine facettaböbbela so
    saumäßich vergloschded
dass de wia narred uff meim disch em grengel
    romgsurrd bisch
do hod mei dabagsdos grad di richdich
    verdiafong ghed
fir dein gnadadod
o mugg
jedz liegsch do als wär i s grad selber
der oi oinzichs mol no ans lichd wölla
on a lamb verdwischd hod

oba zu weihnachda will i bloß geld

oba zu weihnachda will i bloß geld
fir en gaul
oder fir a audo
sonsch will i gwieß nix oba

weihnachda oder die groß mögedse

am liabschda hädded mrs
wenn ons älle möga däded
älle
aber dia oine kenned ons ned
on dia andre wölled mr liabr selber ned kenna
no semmr zfrieda
wenn ons wenigschdens en haufa leid
möged
älle dia von dene mr gwieß wölled
dass se ons möged

aber dia oine dirfed ned
on dia andre wölled ons bloß möga
wemmr se au möged
on wemmr sonsch gar niemand möged

no isch ledz
weil mr bloß dia möga könned
dia ons bloß möga wemmr sonsch niemand
    möged
on weil mr doch emmer no so gern hädded
dass ons en haufa leid
möged
oder dass ons am beschda
älle saumäßich möged
älle

n heilicher obend bei de grine

rot
grün
rode
grüne
raude
greane

lauder raude
on greane

ambla
on koi sau onderwegs

hm?

hm?
hhm!

hm?
mhm!

hô?
hôô!

hobbla
jedz bene ehne au no uff d fiaß dabbd!

sauber

sauber
sauberle
deschd emol a sauberer kerle
deschd mr fei au a saubers bürschle
der isch au mid älle wässerla gwäscha
der saubär der dreggich

gfällsch mr hald

gfällsch mr hald
di ko mr au no seah
wammr de mid dr brill aguggd

gfällsch mr hald
du kosch de au no seah lao
wanns nachd wurd

weltsprache schwäbisch
samt bedeutungswandel
im englischen gebrauch

function?
oaf so daw knar!
        *
when I defend!
when I dissemble fend!
        *
I on my shuts!
my shuts mug me!
mine shuts muggy!
        *
gal daw clutch!
        *
hush sell cloud?
hatchet cloud sell bale!
        *
went whit –
went five whit!
        *
lack me now!
        *
how up!
I shys daw knar
        *
lack me do dibble
        *
halt day gosh
do bitch so amazing dump!

oh why!

*

hush cat?
hush quiz cat?

*

hammer five so lumber
daw wondered me vie nix!

*

so much!
haul chair!

*

make nor ado!

*

diverse!

*

went sell filch?

*

do my so hot five young a!

*

cautious net abash why gay?

*

so bower pleader!

*

here hands cloud!

*

gabs zoo!

*

when demy pent
so I onundernow daw now
on clouds obsequious o now me will!

*

dash dare
dare course!

*

dimension?
delayed!

*

clods was cost!

*

clods obsess caw!

*

dissent dam gnat neigh

Mehr von Helmut Pfisterer

Helmut Pfisterer

Ooverdruggds

(Unverdrucktes)

Schwäbisch gestichelt und gestreichelt

Silberburg-Verlag

Ooverdruggds

(Unverdrucktes)
Schwäbisch gestichelt und gestreichelt

100 Seiten, kartoniert. ISBN 3-87407-208-8

Eine Auswahl der besten Texte Helmut Pfisterers. »Ooverdruggds« (das »v« spricht man wie f) bedeutet soviel wie: »unverklemmt von sich Gegebenes, nicht Verheimlichtes«.

Scho gschwätzt

Heitere und zornige Gedichte, gesprochen von den Autoren: Fritz Schray, Manfred Mai, Thaddäus Troll, Peter Schlack, Helmut Pfisterer

Compact Disc. ISBN 3-87407-180-4

Die Größen der neuen schwäbischen Mundartdichtung, auf einer CD vereint.

Schrei du ruhig!

Live: Helmut Pfisterer liest seine besten schwäbischen Texte – Duo Semsagrebsler singt und spielt

Compact Disc. ISBN 3-87407-322-X

Helmut Pfisterer liest auf dieser CD etliche seiner Verse und Wortspielereien mit genialem Witz. Elke Büttner und Martina Sirtl singen eigene Pfisterer-Vertonungen und spielen auf ausgefallenen Musikinstrumenten wie Drehleier oder Krummhorn dazu.

In Ihrer Buchhandlung.

Silberburg·Verlag

www.silberburg.de